BEI GRIN MACHT SICH IHR WISSEN BEZAHLT

- Wir veröffentlichen Ihre Hausarbeit,
  Bachelor- und Masterarbeit

- Ihr eigenes eBook und Buch -
  weltweit in allen wichtigen Shops

- Verdienen Sie an jedem Verkauf

Jetzt bei www.GRIN.com hochladen
und kostenlos publizieren

Bibliografische Information der Deutschen Nationalbibliothek:

Die Deutsche Bibliothek verzeichnet diese Publikation in der Deutschen National-bibliografie; detaillierte bibliografische Daten sind im Internet über http://dnb.d-nb.de/ abrufbar.

Impressum:

Copyright © 2018 GRIN Verlag
Druck und Bindung: Books on Demand GmbH, Norderstedt Germany
ISBN: 9783346079190

Dieses Buch bei GRIN:

https://www.grin.com/document/509776

Jessica Nagel

Die Effizienzsteigerung von anwenderbezogenen Soft-ware-Dokumentationen. Anforderungen und Maßnah-men

GRIN Verlag

GRIN - Your knowledge has value

Der GRIN Verlag publiziert seit 1998 wissenschaftliche Arbeiten von Studenten, Hochschullehrern und anderen Akademikern als eBook und gedrucktes Buch. Die Verlagswebsite www.grin.com ist die ideale Plattform zur Veröffentlichung von Hausarbeiten, Abschlussarbeiten, wissenschaftlichen Aufsätzen, Dissertationen und Fachbüchern.

Besuchen Sie uns im Internet:

http://www.grin.com/

http://www.facebook.com/grincom

http://www.twitter.com/grin_com

Anwenderbezogene Software-Dokumentation

Anforderungen an anwenderbezogene Software-Dokumentationen

Jessica Nagel

I. Inhaltsverzeichnis

I

II. Abbildungsverzeichnis

III. Tabellenverzeichnis

IV. Abkürzungsverzeichnis

DGQ	Deutsche Gesellschaft für Qualität
DIN	Deutsches Institut für Normung
FAQ	Frequently Asked Questions
ISO	International Organization for Standardization
UML	Unified Modeling Language

1. Einleitung

Im folgenden Kapitel wird zunächst die Problemstellung der vorliegenden Ausarbeitung erläutert, darauf aufbauend werden die Ziele der Arbeit definiert sowie der Aufbau dieser beschrieben.

1.1. Problemstellung

Das Thema der Softwaredokumentation genießt in der Softwareentwicklung keinen guten Ruf und wird meist nur als notwendiges Übel betrachtet. In den meisten Entwicklungsprojekten scheint es zunächst wichtiger, das System beziehungsweise die Software fertig zu programmieren als diese aufwändig zu dokumentieren. Die Dokumentation wird nur ungern und verhältnismäßig schlecht ausgeführt. Das Problem mangelhafter Dokumentation ist allerdings bereits seit langem bekannt und wurde in der Vergangenheit auch immer wieder viel diskutiert. Eine qualitativ hochwertige Dokumentation ist insbesondere auch für die Endanwender der erstellten Produkte von großer Bedeutung. Komplizierte und unverständliche Dokumentationen führen zu Fehlern und Unlust in der Anwendung der Software. Eine gute Dokumentation verringert nicht nur die Aus- und Weiterbildungskosten des eingesetzten Personals, sondern baut darüber hinaus auch Hemmschwellen gegenüber der Anwendung ab.[1]

Da auch die Gesetzgeber, speziell in Europa und in den USA, die Dokumentation als wichtig erachten gibt es seit einigen Jahren relativ klare gesetzliche Forderungen nach guten Dokumentationen. Die Anwender-Dokumentationen haben den Zweck, den Nutzer eines Produktes in die Lage zu versetzen, das Produkt sicher und richtig zu verwenden. Die meisten Hersteller von technischen Produkten sind sich mittlerweile über ihre Instruktionspflichten im Klaren und viele haben auch schon dementsprechend gehandelt und der Softwaredokumentation einen angemessenen Stellenwert in ihrem Unternehmen eingeräumt. Doch auch in den Firmen, bei denen die Dokumentation gut aufgestellt und wohl organisiert ist, bleibt sie ein Kostenfaktor, der aus Sicht der Unternehmen oft nichts mit der eigentlichen Wertschöpfungskette

---

[1] Vgl. o.A., 'Unverzichtbares Instrument für Systementwickler - Die Dokumentation ist eines der Software-Qualitätsmerkmale', Computerwoche, 25 October 1991

zu tun hat und dem im Vergleich zu anderen Bereichen, wie Produktentwicklung oder Marketing, in der Geschäftsführung kaum Beachtung geschenkt wird.[2] Laut einer Studie der Firma Gebert Software GmbH mit mehr als 300 Firmen mit jeweils über 100 Millionen Euro Umsatz liegt der Aufwand für die Nachbearbeitung von Software durchschnittlich bei über 20 Prozent im Vergleich zum eigentlichen Entwicklungsaufwand. Als typische Ursachen für die aufwändige Nachbearbeitung nennen zwei Drittel der Unternehmen, wie in Abbildung 1 zu sehen, vor allem eine schlechte Softwareverwaltung mit unzureichender Dokumentation.[3]

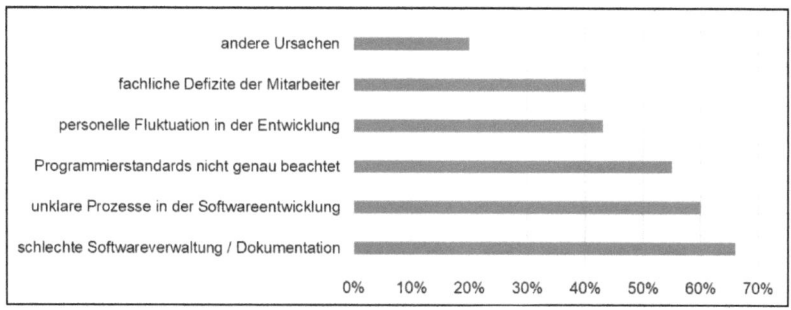

Abbildung 1: Ursachen für den Nachbearbeitungsaufwand von Software[4]

1.2. Zielsetzung und Aufbau der Arbeit

Das Ziel der vorliegenden Ausarbeitung ist es, die verschiedenen Anforderungen an eine gute und verständliche Dokumentation zu erarbeiten und daraus Maßnahmen für die Effizienzsteigerung von Dokumentation abzuleiten.

Nachdem im ersten Kapitel zunächst die Problemstellung sowie die Zielsetzung und der Aufbau der Arbeit beschrieben wurden, werden im zweiten Kapitel die theoretischen Grundlagen zu Dokumentationen und Softwaredokumentationen sowie zu den verschiedenen Arten von Dokumentationen mit deren Vor- und Nachteilen erläutert.

---

[2] Vgl. L. Kothes, *Grundlagen der Technischen Dokumentation - Anleitungen verständlich und normgerecht erstellen*, VDI-Buch (Berlin, Heidelberg: Springer-Verlag Berlin Heidelberg, 2011), p. 1f

[3] Vgl. B. Giesel, *Studie: Nachbearbeitungsaufwand von Software.* http://gebertsoftware.com/node/47

[4] Vgl. ibid.

Darauf aufbauend werden im dritten Kapitel die verschiedenen Anforderungen an eine gute und verständliche anwenderbezogene Software-Dokumentation erarbeitet. Aus diesen Anforderungen werden dann Maßnahmen für die effiziente Erstellung von Dokumentationen und die Steigerung der Effizienz von Dokumentationen abgeleitet. Zum Abschluss werden im vierten Kapitel die Ergebnisse der Arbeit zusammengefasst und kritisch gewürdigt.

2. Theoretische Grundlagen

In diesem Kapitel werden die theoretischen Grundlagen erarbeitet, die zum Verständnis der vorliegenden Ausarbeitung notwendig sind. Dazu wird zunächst der Begriff Dokumentation im Allgemeinen und danach der Begriff Softwaredokumentation im Speziellen definiert. Im Anschluss werden die verschiedenen Arten von Softwaredokumentationen vorgestellt.

2.1. Dokumentation und Softwaredokumentation

Der Begriff Dokumentation beschreibt im Allgemeinen das Sammeln, Erfassen, Ordnen und Aufschließen von Dokumenten sowie deren Aufbereitung für Informationszwecke. Der Begriff beschreibt also sowohl den Prozess des Dokumentierens als auch das Produkt, welches am Ende des Prozesses entsteht und auf elektronischen Medien oder auf Papier festgehalten wird.[5]

Der Sinn einer Dokumentation liegt zum einen in der Wissenskonservierung, es wird also Wissen gesammelt und gespeichert. Durch dieses Wissen sollen Testfälle erzeugt und Module getestet werden können, bei einem Reengineering kann ebenfalls auf dieses Wissen zugegriffen werden. Zum anderen liegt der Sinn einer Dokumentation aber auch im Wissenstransfer. Damit soll sichergestellt werden, dass die später beteiligten Personen Wissen aufbauen und anwenden können.

Eine Softwaredokumentation umfasst alle notwendigen und zweckgerichteten Informationen über das vorliegende Produkt, dazu gehören die Software selbst sowie

---

[5] Vgl. W. Haag, *Dokumentation von Anwendungssystemen aus der Sicht der Benutzer* (Darmstadt, 1981)

3

deren Erstellung und Benutzung.[6] Die Dokumentation ist hierbei nicht statisch sondern wird vom Beginn der Planung über den gesamten Lebenszyklus des Produkts entwickelt. Somit ist es nicht sinnvoll erst zum Ende der Programmierung mit der Dokumentation anzufangen, sondern bereits ab Beginn der Planung und der Umsetzung jeden Schritt zu dokumentieren.[7] Zu den hauptsächlichen Zielgruppen einer Dokumentation gehören der Projektleiter, der den Softwareentwicklungsprozess steuert, der Endanwender, der mit der Software arbeitet sowie Entwickler oder IT-Spezialisten, die die Software erstellen oder die bestehende Software im Nachhinein anpassen, erweitern und betreuen.

2.2. Arten von Softwaredokumentationen

Je nach Inhalt, Zielsetzung und Adressat einer Softwaredokumentation lassen sich Dokumentationen in verschiedene Arten aufteilen. Grundsätzlich lassen sich hierbei, wie in Tabelle 1 zu sehen, betriebswirtschaftliche und technische Dokumentationen unterscheiden.

Tabelle 1: Unterscheidung betriebswirtschaftliche und technische Dokumentation

Betriebswirtschaftliche Dokumentation	Technische Dokumentation
• Projektdokumentation	• Systemdokumentation
• Qualitätsdokumentation	• Programmdokumentation
• Prozessdokumentation	• Benutzungsdokumentation

Die technischen Dokumentationen können je nach Zielgruppe nochmals in betriebsinterne und -externe technische Dokumentationen aufgeteilt werden. Eine betriebsinterne technische Dokumentation ist ausschließlich für den Gebrauch innerhalb des Unternehmens, welches die Software entwickelt gedacht. Hierzu gehört

---

[6] Vgl. W. Hoffmann, B. Hölscher and U. Thiele, *Handbuch für Technische Autoren und Redakteure: Produktinformation und Dokumentation im Multimedia-Zeitalter*, 1.th edn. (Erlangen: Public Corporate Publishing, 2002)

[7] Vgl. A. Rögner, *Untersuchungen zur Funktion von Benutzerinformationen für die Beeinflussung der Menschlichen Zuverlässigkeit in sozio-technischen Systemen* (Cottbus, 2005), p. II-3f

beispielsweise das Pflichtenheft.[8] Die betriebsexternen technischen Dokumentationen gehören zum Lieferumfang des Produkts und sind für die Kunden beziehungsweise Anwender der Software bestimmt.

Da sich die vorliegende Ausarbeitung mit Software-Dokumentationen für den Software-Anwender beschäftigt, welche zu den betriebsexternen technischen Dokumentationen gehören, werden nun die verschiedenen Arten betriebsexterner technischer Dokumentationen genauer erläutert.

Systemdokumentation

Die Systemdokumentation enthält Dokumente, die für die Wartung und Weiterentwicklung der Software notwendig sind. Dazu gehören UML (Unified Modeling Language)-Diagramme oder Use-Case- und Szenario-Beschreibungen, die ursprüngliche Anforderungsspezifikation beziehungsweise das Lastenheft sowie eine Dokumentation der Systemarchitektur. Die Systemdokumentation betrachtet also übergreifend die Funktionsprinzipien der Software. Dadurch kann diese Dokumentation sehr umfangreich werden, es gilt also einen Kompromiss zwischen möglichst vollständiger Beschreibung und Umfang zu finden.[9]

Programmdokumentation

Die Programmdokumentation beschreibt die Syntax, also das Funktionsprinzip, des Programmcodes. Diese Dokumentation sollte zusätzlich zur Papierform auch als Inline Source Dokumentation zur Verfügung stehen. Darunter wird das Einfügen von erklärenden Kommentaren direkt in den Programmcode verstanden. Dies ist besonders wichtig, da für einen Programmierer, der den Code nicht geschrieben hat direkt sichtbar wird, was das Funktionsprinzip des jeweiligen Codestückes ist.[10]

---

[8] Vgl. International Organization for Standardization, *ISO IEC IEEE 15289:2011 Software und System-Engineering - Content of life-cycle information products (documents)*

[9] Vgl. H. Nowak, *Dokumentation in der Software-Entwicklung* (Wien: InfraSoft GmbH, 2002), p. 7f

[10] Vgl. ibid., p. 3f

Benutzungsdokumentation

Die Benutzungsdokumentation enthält Dokumente und Unterlagen für die tatsächlichen Endanwender der Software, dazu gehören Unterlagen für die Installation und den Betrieb sowie Handbücher oder Online-Hilfen für die Anwender. Oft enthalten Handbücher auch FAQs (Frequently Asked Questions), die häufig gestellte Benutzerfragen auflisten und beantworten. Das Handbuch erleichtert vor allem in der Anfangszeit den Umgang des Anwenders mit der Software. Dem Anwender wird die Software nähergebracht, das Handbuch gibt einen Überblick über die Funktionen und dient gleichzeitig im Verlauf der Softwarenutzung als Nachschlagewerk für aufkommende Fragen.[11]

3. Effizienzsteigerung von Dokumentationen

Im folgenden Kapitel werden zunächst die Anforderungen an eine gute und verständliche Dokumentation zusammengetragen, um daraus im Nachgang Maßnahmen zur Effizienzsteigerung von Dokumentationen abzuleiten.

3.1. Anforderungen an eine gute und verständliche Dokumentation

Die Anforderungen an eine gute und verständliche Softwaredokumentation sind in verschiedenen Normen festgelegt, des Weiteren wurden von der Deutsche Gesellschaft für Qualität (DGQ) detailliertere Anforderungen an eine Softwaredokumentation erarbeitet. Ein Auszug der Normen für Softwaredokumentation ist in Tabelle 2 zu sehen.

Tabelle 2: Normen für Softwaredokumentation (Auszug)[12]

Norm	Titel
ISO/IEC/IEEE 1063	Standard for Software User Documentation
ISO/IEC/IEEE 6592	Information technology – Guidelines for the documentation of computer-based application systems
ISO/IEC/IEEE 9294	Information technology – Guidelines for the management of software

---

[11] Vgl. o.A., 'Softwaredokumentation - Handbuch' in SoftGuide GmbH & Co. KG (ed.), *softGuide der Softwareführer - Business Software, Branchenlösungen und Standardsoftware - Ihre aktuelle Marktübersicht*

[12] Vgl. International Organization for Standardization, *ISO IEC IEEE*. https://www.iso.org/standard/ ; vgl. Deutsches Institut für Normung, *66230, 66270* ; vgl. Deutsche Gesellschaft für Qualität e.V., TÜV Rheinland Köln, *Software-Qualitätssicherung* (1991)

	documentation
ISO/IEC/IEEE 9127	Information processing systems; user documentation and cover information for consumer software packages
ISO/IEC/IEEE 18019	Software and system engineering – Guidelines for the design and preparation of user documentation for application software
ISO/IEC/IEEE 26511	Systems and software engineering -- Requirements for managers of user documentation
ISO/IEC/IEEE 26512	Systems and software engineering -- Requirements for acquirers and suppliers of user documentation
ISO/IEC/IEEE 26513	Systems and software engineering - Requirements for testers and reviewers of user documentation
ISO/IEC/IEEE 26514	Systems and software engineering – Requirements for designers and developers of user documentation
ISO/IEC/IEEE 26515	Systems and software engineering -- Developing user documentation in an agile environment
DIN 66230	Information processing; software documentation
DIN 66270	Information technology - Software document evaluation - Quality characteristics
DGQ	Software-Qualitätssicherung

Die wesentlichen Anforderungen an eine gute und verständliche Dokumentation, welche sich aus den genannten Normen und Quellen erarbeiten lassen sind wie folgt zusammengefasst.

- **Aktualität**

Die Aktualität gewährleistet, dass die Dokumentation dem aktuellen, letzten Stand der Software entspricht und somit zwischen der neusten Version der Software und ihrer Beschreibung keine Diskrepanzen bestehen. Wenn die Software angepasst oder erweitert wird, muss auch eine neue Version der Dokumentation entstehen, in der die Anpassung beziehungsweise die Erweiterung der Funktionalität berücksichtigt wird.

- **Änderbarkeit**

Die Änderbarkeit geht mit der Aktualität einher, innerhalb der Softwaredokumentation sollen Erweiterungen und Anpassungen unter der Prämisse eines möglichst geringen Aufwands realisierbar sein.

- **Inhalt / Vollständigkeit**

Die Vollständigkeit beschreibt, dass alle von der jeweiligen Zielgruppe benötigten Informationen vollständig in die Dokumentation aufgenommen werden und kann in die beiden Aspekte formale und inhaltliche Vollständigkeit untergliedert werden.

Die formale Vollständigkeit stellt sicher, dass alle Bestandteile, welche in den entsprechenden Verzeichnissen, wie Inhalts- oder Abbildungsverzeichnis, aufgeführt sind auch so in den eigentlichen Dokumenten vorkommen.

Eine inhaltliche Vollständigkeit ist hingegen erst dann gegeben, wenn neben der Form auch alle Sachverhalte und Komponenten, die Gegenstand der Dokumentation sind, vollständig und widerspruchsfrei beschrieben werden. Dazu gehören die Funktionen des Softwareprodukts, die Bedienung in jeder Form, die Umsetzung der fachlichen Verarbeitungsschritte im Programm, die Tastenbelegung aller Funktionen sowie ein Verzeichnis der Fehlermeldungen mit Erläuterungen.

- **Eindeutigkeit / Einheitlichkeit**

  Unter Eindeutigkeit und Einheitlichkeit wird die durchgängige Verwendung von Begriffen und Methoden verstanden. Dazu gehören Bezeichnungen und Funktionsbeschreibungen im Programm, identische Begriffe für den gleichen Sachverhalt im Programm und in der Dokumentation, Abbildungen von Oberflächen in der Dokumentation, die den Oberflächen im Programm entsprechen sowie der einheitliche Aufbau der Dokumentation.

- **Verständlichkeit**

  Der Punkt Verständlichkeit ist wichtig, da potentielle Leser die Aussagen und Informationen verstehen sollen, daher ist es notwendig diese auf die Zielgruppen abzustimmen. Die Dokumentation soll dabei sprachlich und inhaltlich verständlich und die Beispiele an der Software nachvollziehbar sein. Außerdem sollten komplexe Abläufe durch Grafiken veranschaulicht werden und die Dokumentation mit dem Programm und das Programm mit der Dokumentation übereinstimmen. Bestimmte oder häufig auftauchende Probleme sowie häufig gestellte Fragen mit Antworten sollten ebenfalls in der Dokumentation zu finden sein.

- **Einhaltung des Standard / Normenkonformität**

  Der Aspekt der Normenkonformität befasst sich mit der Einhaltung des Standards, also der Einhaltung von Vorschriften an die Erstellung der Dokumentation. Die Vorschriften bieten einen regulatorischen Rahmen und können sowohl firmeninterne als auch allgemein geltende (branchenübliche, nationale, internationale) Standards beinhalten.[13]

3.2. Maßnahmen zur Effizienzsteigerungen bei Dokumentationen

Nachdem in Kapitel 3.1 die Anforderungen an eine gute und verständliche Dokumentation erarbeitet wurden, soll nun die Frage beantwortet werden, wie eine Effizienzsteigerung hinsichtlich einer Dokumentation erfolgen kann. Um die Erstellung der Dokumentation effizient zu gestalten, sollte diese nicht erst nach Abschluss der Programmierung sondern bereits parallel zum Projekt in unterschiedlichen Phasen erstellt werden. Die unterschiedlichen Maßnahmen zur Effizienzsteigerung, welche in den einzelnen Phasen betrachtet werden müssen, leiten sich aus den in Kapitel 3.1 genannten Anforderungen an eine gute und verständliche Dokumentation ab.

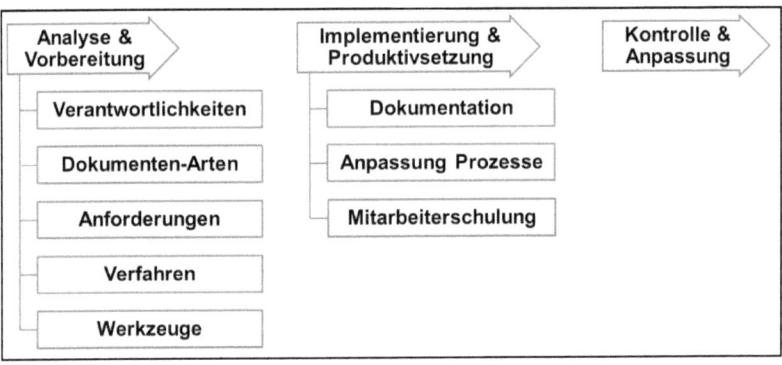

Abbildung 2: Vorgehensmodell zur Softwaredokumentation[14]

---

[13] Vgl. o.A., 'Entwicklerdokumentation: das notwendige Übel?', PARSON, 11 June 2013 ; International Organization for Standardization, *ISO IEC IEEE* ; vgl. U. Parson, 'Documentation for Software Engineers', PARSON, 15 November 2011 ; vgl. Deutsches Institut für Normung, *66230, 66270* ; vgl. Deutsche Gesellschaft für Qualität e.V., TÜV Rheinland Köln, *Software-Qualitätssicherung* ; vgl. Kothes, *Grundlagen der Technischen Dokumentation - Anleitungen verständlich und normgerecht erstellen*, p. 37ff, 59f

[14] Vgl. M. Reiss, *Dokumentationsmanagement - Basis für IT-Governance: 11 Schritte zur IT-Dokumentation* (Wiesbaden: Springer Vieweg, 2018), p. 47

Im Vorfeld zur Dokumentation werden dabei in der ersten Phase die Rahmenbedingungen festgelegt. Hierzu sollte zunächst abgegrenzt werden, welche Arten von Dokumentationen erstellt werden sollen, wann diese Dokumentationen benötigt werden und wer für die Erstellung verantwortlich ist. Des Weiteren ist es wichtig, die spezifischen Anforderungen an die einzelnen Dokumentationen zusammenzutragen. Da eine Dokumentation immer aus Sicht des Anwenders erstellt werden sollte, ist es wichtig im Vorfeld zu klären, für welche Zielgruppe welche Dokumentationen erstellt werden. Eine weitere Möglichkeit zur Effizienzsteigerung von Dokumentationen ergibt sich durch die Werkzeuge zur Dokumentation. Hierbei können nicht nur auf Printmedien, sondern beispielsweise auch auf Video- und Audioaufnahmen als Dokumentation zurückgegriffen werden. Dies hilft meist den Endanwender beim Verstehen der Vorgehensweise und des Sachverhalts. Der Vorteil dieser Art der Dokumentation liegt darin, dass der Anwender genau sehen oder hören kann wie welche Schritte auszuführen sind. Als Nachteil ist der hohe Aufwand dieser Art von Dokumentation zu sehen.[15]

In der zweiten Phase, der Implementierung und Produktivsetzung erfolgt dann die eigentliche Dokumentation, diese kann als Pilot bereits in der ersten Phase erstellt werden und wird in dieser Phase in ihre eigentliche Form gebracht. Falls betroffene Prozesse geändert werden müssen erfolgt das ebenso in dieser Phase, außerdem werden die Mitarbeiter in die Dokumentationsverfahren und Werkzeuge sowie in die Arbeit mit der Dokumentation eingewiesen. Für die Übersichtlichkeit der Dokumentation und damit ein erleichtertes Lesen ist es außerdem wichtig, dass Informationen immer nur einmal und an der richtigen Stelle niedergeschrieben werden. Der Vorteil, wenn Wiederholungen vermieden werden, ist die bessere Verwendungsmöglichkeit einer Dokumentation. In manchen Fällen macht es Sinn eine Wiederholung bewusst aufzunehmen, daher ist dies doch recht genau zu prüfen, wann eine Wiederholung Sinn macht und wann nicht. Einer der wichtigsten Punkte zur Effizienzsteigerung ist die Aktualität, dem Leser der Dokumentation oder dem Anwender der Software hilft eine

---

[15] Vgl. S. W. Ambler, *Agile modeling: Effective practices for eXtreme programming and the unified process* (New York: J. Wiley, 2002), p. 84ff

Dokumentation nicht, wenn diese veraltet ist. Da der Aufwand zur Aktualisierung der Dokumentationen hoch ist, ist hierbei eine gute Organisation notwendig.

Besonders wichtig zur Effizienzsteigerung ist die letzte Phase, diese zeigt, dass eine Dokumentation nicht statisch ist, sondern laufend kontrolliert und angepasst werden muss. Nach der Erstellung der Dokumentation ist es also wichtig diese zu prüfen, dies kann durch das Durchspielen eines Praxisbeispiels erfolgen. Hierbei kann der Autor der Dokumentation oder ein späterer Anwender die einzelnen Punkte nacheinander durchgehen und prüfen ob die dort dokumentierten Inhalte auch wirklich so ausführbar sind beziehungsweise ob der beschriebene Ablauf funktioniert.[16]

---

[16] Vgl. P. Clements, *Documenting Software Architectures – Views and Beyond* (Boston: Addison Wesley, 2003), p. 12ff

4. Schlussbetrachtung

In der vorliegenden Ausarbeitung wurden die verschiedenen Arten von Softwaredokumentationen sowie die unterschiedlichen Anforderungen an eine gute und verständliche Dokumentation erläutert, um daraus Maßnahmen zur Effizienzsteigerung von Dokumentationen abzuleiten.

Eine Dokumentation ist immer unabdingbar und wichtig für alle Beteiligten ist, noch schlimmer als eine Dokumentation, die nicht den Anforderungen entspricht ist es, keine Dokumentation zu haben. Die Dokumentation ist ein wichtiger und integraler Bestandteil des Softwareentwicklungsprozesses. Das Softwareprodukt am Ende des Prozesses besteht nicht nur aus dem eigentlichen Quellcode sondern immer aus dem Quellcode in Verbindung mit der passenden Dokumentation. Die Dokumentation unterstützt die Kommunikation der beteiligten Personen an der Software-Entwicklung, hilft bei der Einführung und dem späteren Einsatz beziehungsweise der Anwendung der Software sowie bei der Wartung oder Optimierung.

Zusammenfassend hat sich herausgestellt, dass eine gute Dokumentation vollständig und aktuell, änderbar, in sich widerspruchsfrei, einheitlich gestaltet, verständlich und normenkonform ist. Das lässt sich am besten erreichen, wenn die Dokumentation nicht erst am Ende des Projekts, sondern parallel zum Projekt erstellt wird. Hierbei sollte die Dokumentation in verschiedenen Phasen zunächst vorbereitet und erstellt sowie im Anschluss laufend kontrolliert beziehungsweise auf Änderungen oder Erweiterungen angepasst werden. Für eine bessere Nutzerakzeptanz und somit eine Steigerung der Effizienz der Dokumentation sollte diese immer aus Sicht der Zielgruppe verfasst werden.

V. Literaturverzeichnis

Ambler, S. W., *Agile modeling: Effective practices for eXtreme programming and the unified process* (New York: J. Wiley, 2002).

Clements, P., *Documenting Software Architectures – Views and Beyond* (Boston: Addison Wesley, 2003).

Deutsche Gesellschaft für Qualität e.V., TÜV Rheinland Köln, *Software-Qualitätssicherung* (1991).

Deutsches Institut für Normung, *66230, 66270*.

Giesel B., *Studie: Nachbearbeitungsaufwand von Software*. http://gebertsoftware.com/node/47.

Haag, W., *Dokumentation von Anwendungssystemen aus der Sicht der Benutzer* (Darmstadt, 1981).

Hoffmann, W., Hölscher, B. and Thiele, U., *Handbuch für Technische Autoren und Redakteure: Produktinformation und Dokumentation im Multimedia-Zeitalter*, 1.th edn. (Erlangen: Public Corporate Publishing, 2002).

International Organization for Standardization, *ISO IEC IEEE*. https://www.iso.org/standard/.

International Organization for Standardization, *ISO IEC IEEE 15289:2011 Software und System-Engineering - Content of life-cycle information products (documents)*.

Kothes, L., *Grundlagen der Technischen Dokumentation - Anleitungen verständlich und normgerecht erstellen*, VDI-Buch (Berlin, Heidelberg: Springer-Verlag Berlin Heidelberg, 2011).

Nowak, H., *Dokumentation in der Software-Entwicklung* (Wien: InfraSoft GmbH, 2002).

o.A., 'Softwaredokumentation - Handbuch' in SoftGuide GmbH & Co. KG (ed.), *softGuide der Softwareführer - Business Software, Branchenlösungen und Standardsoftware - Ihre aktuelle Marktübersicht* .

o.A., 'Unverzichtbares Instrument für Systementwickler - Die Dokumentation ist eines der Software-Qualitätsmerkmale', Computerwoche, 25 October 1991.

o.A., 'Entwicklerdokumentation: das notwendige Übel?', PARSON, 11 June 2013.

Parson, U., 'Documentation for Software Engineers', PARSON, 15 November 2011.

Reiss, M., *Dokumentationsmanagement - Basis für IT-Governance: 11 Schritte zur IT-Dokumentation* (Wiesbaden: Springer Vieweg, 2018).

Rögner, A., *Untersuchungen zur Funktion von Benutzerinformationen für die Beeinflussung der Menschlichen Zuverlässigkeit in sozio-technischen Systemen* (Cottbus, 2005).

IV